¡La mantequilla de maní sabe bien!

¿Cómo se hace?

Un granjero
cultiva maníes.

El sol seca
los maníes.

Se recogen
los maníes.

Se seleccionan
los maníes.

Las máquinas retiran las cáscaras.

C-15

13

Los trabajadores
controlan
los maníes.

Los maníes
se cocinan.

Las máquinas
mezclan la
mantequilla
de maní.

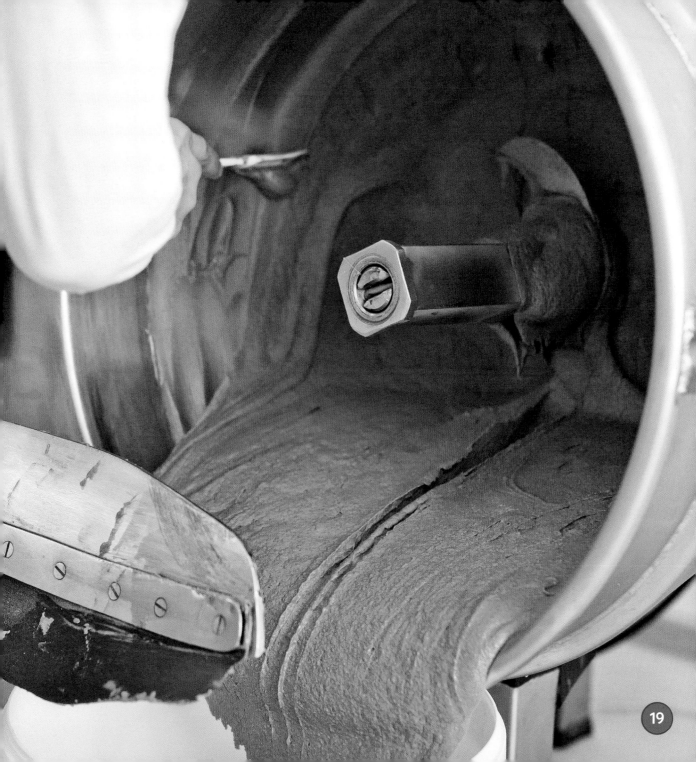

La mantequilla
de maní se coloca
en frascos.

La mantequilla
de maní es
un refrigerio
excelente.

Glosario con imágenes

cáscaras

frascos

granjero

mezcla

Otros títulos

Bailey, R. J. *Peanut Butter*. Minneapolis: Jump!, 2017.

Heos, Bridget. *From Peanuts to Peanut Butter*. Mankato, MN: Amicus, 2018.

Nelson, Robin. *The Story of Honey: It Starts with a Flower*. Minneapolis: Lerner Publications, 2021.

Índice

cáscara, 12

granjero, 4

maníes, 4, 6, 8, 10, 14, 16

mantequilla de maní, 3, 18, 20, 22

mezclar, 18

secar, 6

trabajadores, 14